SALTO

Geht es Ihnen auch so: hassen Sie die Natur? Alles was jung, einfach, praktisch, weiblich, kurz natürlich ist? Können Sie es auch nicht leiden, schlecht gelaunt zu sein, nach dümmlichen Mottos zu leben, oder die Liebe für eine Zaubermacht zu halten? Möchten Sie auch gern wissen, warum gerade Kinder zur Rechtfertigung der Existenz einer Frau herhalten müssen? Langweilen Sie verliebte Männer, die man unweigerlich an der seltsamen Art erkennt, wie sie sich auf jedes Photo stürzen, auf dem sie nicht selbst abgebildet sind?

Diese und andere lebensnotwendige Fragen für die kultivierte Frau und ihre Verführer beantwortet Djuna Barnes in sechs neuentdeckten Texten.

Djuna Barnes

Verführer an allen Ecken und Enden

Ratschläge für die kultivierte Frau

Aus dem Amerikanischen von
Inge von Weidenbaum

Verlag Klaus Wagenbach
Berlin

Inhalt

Der 1. April

Telegraphische Botschaften und ein Rendezvous in Rom beweisen zwei Liebenden, daß die Liebe eine angenehme Gewohnheit ist

Nach Rom war in den vergangenen dreißig Jahren im Monat April jener distinguierte bayerische Besucher, Baron Otto Löwenhaven gekommen, um sich im Geheimen mit der Blüte Italiens, Contessa Mafalda Beonetti, zu treffen. Diese lange *liaison* geheim zu nennen, wäre lediglich eine Beschönigung: jeder Droschkenkutscher in der Stadt ließ mit wissendem Lächeln seine Peitsche knallen – fast noch bevor die Liebenden sich an den Händen gefaßt hatten, in dem hohen und dunklen Raum der *pensione* mit Blick über den Tiber, die ihre Liebe in der Blüte und in jeder folgenden Phase ihres Gedeihens gesehen hatte.

Viele Jahre lang war die Schönheit der Contessa Mafalda Beonetti ein Lied im Herzen ganz Italiens gewesen. Ein raubtierhafter Zug in ihrem Vater, ein Schuß hochgezüchtetes Devonblut, das in den Adern ihrer Mutter floß, hatten sie zugleich linkisch und auserlesen gemacht, und der

Scirocco, der durch Italien wehte, war für Mafalda der Ofen gewesen, der ihre Eigenschaften zu einer so vollendeten Einheit verschmolz, daß sie hätte ihr eigener Entwurf sein können, so genau stimmte sie mit dem überein, was sie guthieß.

Mit zwanzig hatte sie den Grafen Antonio Beonetti geheiratet, weil es genau dem entsprach, was sich gehörte. Mit einundzwanzig war sie die Geliebte von Baron Otto Löwenhaven geworden, weil es genau das war, was sich nicht gehörte. Sie fanden einander wundervoll.

Otto war ein Jahr älter als sie und von frostiger Schönheit, die sich unter dem nimmerendenden bayerischen Idealismus von Generationen romantischer Mütter herausgebildet hatte. Er war hochgewachsen und schlank und blond. Seine Wangen waren eine makellose Mischung aus Rot und Weiß. Sein Kraushaar lag in widerspenstigen Kringeln über einer hohen gewölbten Stirn, und sein Schnurrbart spreizte sich von den Nasenlöchern in einer aufwärtsstrebenden Linie mit der Flinkheit eines vom Glück getragenen Vogels. Wenn er flüsterte *»Ich liebe dich!«* [i. O. deutsch], so geschah es mit der Stimme eines, der einen tausend Jahre verlegten Schatz wiederentdeckt, und im Hintergrund gab es, nur um ihn noch standhafter auf seiner Herzenssache bestehen zu lassen, eine unglückliche, doch politisch perfekte Ehe mit einer wehleidigen Wienerin, Helena von

Spergen… Eine magere Frau, die ihr Wissen um die Affäre des Barons mit der »italienischen Teufelin« so eng an ihr Gefühl von Unrecht gebunden hatte, daß sie sich in dreißig verflennten Jahren den Spitznamen »Das Auge in tausend Taschentüchern« erworben hatte.

In den langen Jahren seiner Affaire mit Mafalda war dem Baron klipp und klar bedeutet worden, daß sie seine politischen Hoffnungen ohne Zweifel ruinieren würde: Sie war nicht beliebt in Bayern. Diesen Bemerkungen hatte er standhaft ein taubes Ohr zugewandt, aber als er sich den Fünfzig näherte und seine politischen Hoffnungen immer noch unerfüllt sah, begann er selbst zu erkennen, daß die Affaire vielleicht lange genug gedauert hatte. Seine Frau, bitter vor Eifersucht und unermüdlich aus Frustration, hatte es ihm oft gesagt, obschon sie bei diesen Gelegenheiten eintönig und ohne viel Hoffnung redete.

Jetzt nahten die letzten Märztage, und der Baron traf Vorbereitungen für seinen alljährlichen April in Rom. Jedermann, einschließlich seiner Frau, wußte genau, wohin er fuhr und zu wem: Und sie hielt ihre Zeit für gekommen. In ihren üblichen, schleppenden Muslin gehüllt, ein Spitzentaschentuch in der Hand und ätzend vor Zielstrebigkeit, betrat sie die Bibliothek, wo der Baron saß und seinen Hund am Ohr zupfte, indes er sich vor einem der letzten Feuer der Jahreszeit wärmte.

Sie trat auf ihn zu, mit langen schwingenden Schritten, hochgewachsen und verhärmt wie eine Winterweide, und indem sie ihr Taschentuch an den Mund preßte, sagte sie ihm rundheraus, wodurch er sich lächerlich gemacht hatte.

Sie sagte, in Schönheit einhergehen ist eins, aber mit einer verwelkenden Frau einhergehen, ist etwas anderes. Sie bemerkte, daß die Juwelen, die er als junger Mann Mafalda um den Hals gelegt hatte, nunmehr untergingen in den Falten ihres Kinns, gleichwie ihre Schönheit unterging in der entstellenden Massigkeit des Alters.

Helena lehnte sich beim Sprechen leicht nach vorn, das Taschentuch hielt sie unter dem Mund, und sie sah, wie der Baron zusammenzuckte.

Wieder durchmaß sie den Raum mit ihrem langen erbarmungslosen Schritt, und auf halbem Weg machte sie einen Ausfall mit der tödlichen Waffe Zeit, den Dolchgriff nach außen, und der Griff war Schmeichelei.

»Du«, sagte sie, »so ansehnlich und in deinen besten Jahren, an eine alte Frau gekettet!«

Der Baron verlor allmählich seine Farbe. Er selbst hatte daran gedacht, daß seine Affaire zu einem Ende kommen sollte, aber nie zuvor hatte er an Mafalda als eine alte Frau gedacht. Es war wahr. Sie war korpulent. Sie war fünfzig.

»Ich werde ihr telegraphieren. Ich werde ihr sagen, es ist alles vorbei, es ist der Abschied.«

Zum ersten Mal in dreißig Jahren preßte Helena ihr Taschentuch ans Herz.

»Du willst nicht nach Rom fahren?«

»Nein«, sagte er, »ich werde nicht nach Rom fahren. Ich fahre für eine kurze Zeit nach Florenz, ich möchte allein sein.«

In dem kleinen, unauffälligen Hotel über dem Arno, wo er der Gräfin zum ersten Mal begegnet war, und wohin sie manchmal im Winter gekommen waren, fragte der Baron nach einem Zimmer. Als Bayern verlangte ihn danach, sich ein wenig auszuweinen über eine Liebe, die nun enden sollte. Er schritt vom Fenster zur Tür und dachte nach. Seine Freunde hatten recht, seine Frau hatte recht: Es war hoch an der Zeit, daß er, ein Mann in den besten Jahren, ein gutaussehender Fünfziger, zu einem vorbildlichen Gatten und Staatsbürger würde. Seine Jugend konnte nicht ewig dauern ...

Seine Meditationen wurden von einer Stimme im Nebenzimmer entzweigerissen. Es war die feste, vorzüglich modulierte Stimme des Grafen Beonetti – Mafaldas Gemahl.

»Meine liebe Mafalda«, sagte er, »du selbst hast angefangen zu begreifen, vielleicht unbewußt, daß deine Affaire mit dem Baron enden sollte: Oder weshalb bist du sonst hierher nach Florenz gekommen, in dasselbe Hotel, wo du, glaube ich, zum ersten Mal seine Bekanntschaft machtest? Du sagtest bei deiner Abreise aus Rom, daß du Ruhe haben wolltest, daß du dich besinnen wolltest – nun, worüber sinnt eine Frau nach, wenn sie zurückkehrt in die Stadt, in der sie zum ersten Mal unbesonnen war? Ich mache dir keinen Vorwurf, weil du hierher gekommen bist – die Frauen beenden immer gern eine Romanze dort, wo sie sie begonnen haben.« Er hielt inne. »Ich bin dir hierher gefolgt, um dich dringend zu ersuchen, falls es Sentimentalität war und nicht ein Entschluß, diese Affaire abzuschließen, mein Liebes. Vor zehn, fünfundzwanzig Jahren hätte ich kaum einen Einwand dagegen gehabt – in der Tat hatte ich keinen. Der Baron war zu seiner Zeit ein sehr charmanter Bursche – und wenn du schon untreu sein mußtest, war er genau der Mann, den ich ausgesucht hätte. Aber« – hier war eine längere Pause … »das ist fünfundzwanzig, zwanzig, zehn Jahre her. Jetzt *muß* ich Einwände machen. Ich habe zugelassen, daß du dich kompromittierst, aber ich will nicht zulassen, daß du dich lächerlich machst, ich kann dir nicht erlauben, meinen Namen, den du trägst, an den eines alten Mannes zu binden – und der Baron, mein Liebes, ist nicht nur ein glückloser Politiker … er ist kurzatmig.«

Der Baron, der steif in seinem Sessel saß, (denn beim ersten Wort hatte er sich außerstande gefunden zu stehen), hörte sie weinen. Dann hörte er sie sagen:

»Ja, Antonio, du hast recht. Ich werde ihm telegraphieren. Ich werde ihm sagen, es ist der

Abschied, daß es vorbei ist. Aber bitte, geh jetzt, ich möchte allein sein, eine kleine Weile allein …« Ihre Stimme verlor sich, und die Tür wurde geöffnet und leise geschlossen. Dann folgte Schweigen, aber in diesem Schweigen pochte dem Baron das Herz wie wahnsinnig. Sie hatten recht, alle beide, seine Frau und Mafaldas Gatte. Die Contessa und er waren alt, und genau genommen waren sie beide lächerlich. Plötzlich stand er auf. Wenn er rasch nach Rom kam, könnte er sein Telegramm zurücknehmen, könnte er Mafalda unnötigen Schmerz ersparen. Möglicherweise würde sie es überhaupt nicht bekommen, und doch, in der *pensione* wußte man, wohin die Post der Contessa zu schicken war.

Auf der Straße nach Rom fuhren im frühen Morgengrauen zwei Autos mit dem schärfsten Tempo, das ihre Chauffeure aus ihnen herausholen konnten, und überholten einander. Auf dem Rücksitz des einen saß der Baron, und er drängte den Fahrer, schneller, noch schneller, zu fahren. Einmal überholte der Wagen des Barons den neuen roten Rennwagen, aber der Baron, schwer auf seinen Stock gestützt, wandte sich nicht um. Für ein paar Augenblicke hielt sich sein Wagen an der Spitze, dann fiel er wieder zurück.

Als der Wagen vor der vertrauten *pensione* vorfuhr, eilte der Baron, so rasch es seine Kurzatmigkeit gestattete, die Treppen hinauf und näherte sich der Rezeption. Der alte Beppo, eine vertraute Gestalt, tauchte auf. Er verneigte sich, wie er sich hundertmal verneigt hatte, lächelte, wie er hundertmal gelächelt hatte.

»Ein Telegramm«, japste der Baron.

»Wie immer, Signore.« Beppo ließ dem Baron einen Umschlag in die Hand gleiten, der auf seinen Namen adressiert war. Beppo verneigte sich wieder, wartete.

Es war nicht das Telegramm, dessentwegen der Baron gekommen war. Es war dasjenige, das Mafalda am vorigen Abend versprochen hatte, abzuschicken. »Ja, ja«, sagte der Baron hastig, indem er es in der Hand zerknüllte, »aber das andere … adressiert an …« Weiter kam er nicht.

»Si, Signore, wie immer«, Beppo lächelte inständig, »*sie* ist hier. Sie ist vor kaum einer Viertelstunde angekommen. Sie hat es in Empfang genommen.«

Dem Baron fiel sein Stock scheppernd zu Boden. Er bückte sich, um ihn aufzuheben, puterrot im Gesicht. Beppo trat hinter der Rezeption hervor.

»Seltsam, Signore, aber sie wollte auch nicht ihr eigenes Telegramm, sondern Ihres. Aber leider, wissen Sie, Amedeo, unser neuer Boy, er war allein hier, als sie hereinkam, und weil er nicht wußte, daß es … ganz recht so wäre, wollte er es ihr nicht geben. Natürlich habe ich ihn ordentlich gescholten, als ich kam. Ich sagte, ›Dummkopf, es ist üblich, jedem von ihnen immer zu übergeben, was er oder sie wünscht!‹ Aber es war zu spät, sie war hinausgegangen. Doch jetzt, wo Sie es haben, ist alles in Ordnung, ja?«

Er war ein wenig verstört. »Ich habe Ihre Zimmer hergerichtet, meine ersten Frühlingsblumen stehen überall in den Vasen. Wollen Sie hinaufgehen?«

Der Baron, benommen auf seinen Stock gestützt, versuchte sich zusammenzureißen.

»Wohin ist sie gegangen?« stieß er flüsternd hervor. »Wohin ist sie gegangen?«

»Ach«, sagte Beppo, wieder erleichtert, »sie wird, wie sie mir sagte, nicht lange ausbleiben. Sie ist zur Piazza gegangen.«

Der Baron, der vor Beklemmung finster dreinschaute, ließ sich in die vertrauten Räume hinaufbegleiten, die dunkel und kühl waren. Er setzte sich nieder. Beppo bemerkte seine Geistesabwesenheit und ließ ihn allein. Der Baron holte sein Taschentuch hervor und wischte sich die Stirn. Wie hätte er wissen können, daß Mafalda nach Rom kam? Doch, er hätte es wissen können, die Frauen sind so. Wenn alles vorbei, tot ist, kommen sie zurück, genau wie er.

Von ferne hörte er, was ihm wie die Qual eines Traumes erschien … den vertrauten Schritt. Die Tür ging auf. Er wandte sich um – erhob sich. Einen langen Augenblick sahen sie einander an. Sie lächelte, als sie ihre Handschuhe auszog. Dann, mit einemmal, war sie in seinen Armen.

»Es war lieb von dir«, sagte sie, und ihre tiefe, bezaubernde Stimme hielt eine Weile inne, »mir diesmal nicht zu telegraphieren. Einfach darauf zu vertrauen, daß ich *weiß*, du würdest kommen.«

Er nahm ihre Hand und führte sie an seine Augen. »Es war himmlisch von dir, Mafalda«, eine Sekunde lang konnte er nicht weitersprechen, »... *mir* nicht zu telegraphieren. Endlich, so scheint es, kennen wir einander, vertrauen wir einander ...«

Sie knöpfte ihren Mantel auf. »Telegramme sind so überflüssig, wirklich, Otto. Wir wissen, die Welt weiß es, daß wir beide immer am ersten April hier sein werden. Am ersten April ... immer.« Sie neigte sich vor und nahm seine Hände.

Der Kellner erschien. »Sie haben geläutet, Signore?« fragte er, wohl wissend, daß der Signore nicht geläutet hatte.

Der Baron wandte sich mit einer schwungvollen Geste um. »Ja!«, donnerte er, »eine Flasche von Ihrem besten, und *schnell*!« [i.O. deutsch]

Der Rose einen Namen geben

Wie man sogenannte »unsolide« Dinge solide macht für zu Haus

Mir ist ein glänzender Einfall gekommen – Dinge solide zu machen für zu Haus! Es ergab sich so, weil ich es leid war, an die Unmenge von Dingen zu denken, die man einfach nicht ins Haus bringen kann, weil sie noch nicht solide sind.

Also, gestern zum Beispiel, sah ich so unendlich vieles, was ich nicht nach Hause bringen dürfte, ganz gleich, wie ich es anstellen würde.

Dazu gehörte diese hinreißende, »schlaksige« australische Sängerin, die einen mit ihren Liebesliedern bedroht, die so herrlich nach Puder duftet und diese süßlichen Stirnfransen trägt.

Dazu gehörte eine französische Puppe. Ich liebte sie, nicht weil sie durch und durch französisch war, sondern weil sie einen Federbusch im Haar trug, wie das nur eine Französin kann, und weil sie auf einem Auge höchst raffiniert schielte. Mutter sagte, daß es eben dieses Schielen wäre, dessentwegen sie nicht zu uns paßt. Mich überzeugt das nicht. Dazu gehörte diese märchenhafte, berauschend wirkende Frau an der Ecke, die venezianisches Glas verkauft. Eine Frau, die ich einfach anbete, aber ich bitte Sie, man sieht doch gleich, daß sie nicht das Richtige wäre, an der Art, wie sie ihre Ringe an den Fingern auf und ab gleiten läßt.

Dann diese zwei federleichten Luftakrobaten aus Italien, die sich dem Abgrund entgegenwerfen, im Varieté. Sie wohnen gleich um die Ecke, aber wird Mutter sie zum Tee laden? Sie wird nicht.

Sie sagt, daß sie *au fond* muskulös seien, und daß Muskeln *au fond* etwas sind, woran man nicht zu denken hat.

Es ist schier unglaublich, wie vielerlei – Belebtes und Unbelebtes – unter die Bezeichnung »unsolid« fällt. Man möchte meinen, daß die unbewegtesten Objekte vor Gefährlichkeit buchstäblich zuckten.

Weihrauch zum Beispiel. Es gibt gewisse Standardmarken, die jede junge Dame getrost ihrer Mutter unter der Nase abbrennen kann. Aber laß bloß eine neue Duftnote oder Beimischung oder Färbung oder was es sonst sei sich einschleichen, und sogleich wird das Hausmädchen angewiesen, dieses »wüste Zeug« mitsamt dem Katzenfutter auf die Piazza hinauszuwerfen.

Zigaretten sind nicht gänzlich tabu, das heißt, gewisse Zigarettensorten, vornehmlich solche aus

London, gewiß keine weiter aus dem Osten oder Westen. Wenn Sie mir nicht glauben, versuchen Sie doch, eine von diesen leckeren, lasterhaft aussehenden Dingern aus Mexiko zu rauchen.

Im Familienkreis sind eben harmlose Dinge beliebt, nicht wahr?

Tigerfelle ohne den Tiger; Katzen, die auf einen solchen Reinheitsgrad heruntergezüchtet sind, daß sie sich vor sich selber fürchten; aufgespießte Schmetterlinge, Löwen aus Bronze, als Hintergrund für Papa, wenn er sich als Kandidat für ein politisches Amt photographieren läßt. Leute, die gänzlich vertrocknet und, laut Familie, solide sind, dank ihrer Schul- und Seminarausbildung; Figuren, allesamt ausgedörrt, zum Zwecke des Zusammentreffens im Salon, ohne an irgendetwas gebunden zu sein.

Und was hat das alles in mir angerichtet?

Es hat mich um meine gute Laune gebracht, als ich fünfzehn war. Deswegen beschloß ich, etwas zu unternehmen. Ich verzog mich hinter die Fliederbüsche und setzte mich auf das Rasenstück, wo es am nassesten war, damit ich mich erkältete, und ging mit mir zu Rate.

Ich sagte mir: Das einzige, was an alledem nicht stimmt, ist der Name. Benenne es richtig, und du kannst es jederzeit haben. Denn, was hinter der Frage von solid *versus* unsolid steckt, ist dies: solid war dereinst eine Rose, die einen andern Namen erhielt; unsolid heißt einfach eine

Sache, die man hat herumstehen lassen unter ihrem ursprünglichen Namen – eine Sache, für die sich keine solide Benennung gefunden hat.

Nehmen wir, zum Beispiel, den Fall Walt Whitman. Er galt früher einmal als ein Wesen, das man im Werkzeugschuppen zu lassen hatte, zusammen mit dem Rasenmäher. Man durfte nicht einmal mehr flüsternd von ihm reden – das hätte es nur noch schlimmer gemacht. Wenn Sie mir nicht glauben, probieren Sie's.

Dann dachte sich jemand eine treffende, unabweisbare Entschuldigung für ihn aus, des Inhalts, daß er auf seine simple, bäuerische Art dem Haus für die Menschen, die darin lebten, einen sicheren Halt zu geben versuchte. Und damit wurde er unverzüglich von jedermann akzeptiert. Seine Bestrebungen mochten ungeschickt sein, aber das machte ihn nur um so liebenswerter. Er war auf einmal solide und bekömmlich. Er wurde unentbehrlich für Kinder. Er tat ihnen fast so gut wie ein Ausflug aufs Land.

Früher einmal galt mit dem Messer zu essen als extrem unsolid. Dann nannte es irgendein geistesgegenwärtiger Gast Schwertschlucken. Presto! Die Leute bezahlen, um es zu sehen!

Und erinnern Sie sich an die Zeit, als es äußerst anstößig war, Tschechen, Polen oder irgendwelche anderen Slaven ins Haus zu bringen? Bis eines Tages Schwesterchen einen Fehler bei der Stickarbeit am Babykleid macht; er wurde

»zusätzlicher slavischer Zierstich« genannt, und jetzt kauderwelscht man in den besten Häusern mit diesen Ausländern.

In meinem eigenen kurzen Leben weiß ich noch genau, was man von Frauen hielt, die Rot tragen. Mit diesen Frauen hatte man sich nicht abzugeben. Falls man sich mit ihnen abgab, würden einem die Haare strähnig werden, die Knöpfe würden einem abspringen oder das Haus würde vom Blitz getroffen werden.

Solche Frauen hätten, so hieß es, keinen Respekt vor der Politik oder vor einer geistigen Strömung oder vor Männern oder der Evolution. Sie verdienten kein Vertrauen, ihre Lebensgewohnheiten wären zu abwegig, und gegen eine Artigkeit verhielten sie sich immer, als könnte etwas daraus entstehen.

Wenigstens war dies die herrschende Meinung, bis jemand darauf hinwies, daß Rot an sich mit alledem nichts zu tun hätte; daß zuviel Rot zwar auf Zügellosigkeit hindeutete, aber daß einem ein bißchen Rot gleichwohl das Gefühl von Geborgenheit gab.

Andererseits gibt es Dinge, die ihre Solidität schlechthin eingebüßt haben. Beispielweise galt es früher als charmant, zu träumen. Den Bruder begrüßte ein zärtliches Lächeln, wenn er zum Frühstück kam und sagte: »Vergangene Nacht träumte mir, daß ich in einem Rosengarten spazierengehe.« Jetzt gibt es Freud. Es ist Ehrensache geworden, die ganze Nacht aufzubleiben. In den frühen Sechzigerjahren war Blutarmut schick. Die Heroinen wurden immerzu hysterisch oder schluchzten in Fichtennadelkissen. Sie ließen sich in Kutschen verführen. Sie verlegten sich auf ausgefallene Näharbeiten. Sie waren es, die die Verantwortung für die Stiefmütterchen auf Papas Pantoffeln trugen.

Oder nehmen Sie den Fall des Stiletts. Einst wurde es von einer Frau mit goldbraunen Haaren geschwungen, die mit mattem, dumpfem Stöhnen die Portieren zerfetzte.

Jetzt ist es ein Brieföffner.

Ich will meiner Not ein Ende setzen. Was ich machen will, ist dies: Ich ziehe das Kleid mit den gezipfelten Säumen an, die Handschuhe mit neun Knöpfen und den Hut mit dem längsten Schleier, und unter einem Vorwand vor mir selbst werde ich aus dem Haus gehen und mich auf der Schattenseite der Straße halten.

Ich werde meine Schritte in Richtung Hell's Kitchen lenken, und im Gehen werde ich mir alles ansehen, was man mir verboten hatte, anzusehen. Und ich werde, sozusagen, die Rose ausfindig machen, wie sie da steht, unbefleckt von jedem andern Namen.

Denn ich will diese italienischen Luftakrobaten zu mir nach Hause holen und wenn's mich den Verstand kostet. Diese Frau, die venezianisches Glas verkauft, soll doch noch auf meiner *chaise-*

longue sitzen und mir erzählen, was dünnes Glas für sie bedeutet. Die australische Sängerin soll eins von diesen gefährlichen Liebesliedern geradewegs *an* mich hinsingen. Ich will es so.

Ja, ich werde der Rose einen Namen geben.

Und dann, wenn ich vier oder fünf der alleranstößigsten Objekte beisammen habe, tauche ich hinab.

Ich werde etwas heimbringen, und ich werde mich auf die Eingebung des Augenblicks verlassen, daß ich ihm einen Namen finde, wenn es vor Mutter steht.

Wenn es mir gelingt, lade ich Sie ein zum Tee.

Madame wird älter

Ein Tagebuch
im gefährlichen Alter

Siebter September

Ich muß der Tatsache ins Auge sehen, daß ich keine junge Frau mehr bin.

Ich bin Witwe, Mutter von zwei sorgfältig gekleideten, wohlerzogenen, boshaften Töchtern.

Nichtsdestoweniger bin ich ausgehungert.

Ich hungere nach Jugend. Es müssen doch, sage ich mir, neue Welten zu erobern sein; es muß sie einfach geben. Es ist nur recht und billig.

Als ich ein Kind war und Locken hatte, die mir über den Rücken hinunterhingen, wurde mir klar, daß Kindsein grauenvoll ist.

Jetzt, da ich eine Matrone bin, wird mir klar, daß es grauenvoll ist, eine Matrone zu sein.

Aber ich darf es nicht zugeben, nicht einmal vor mir selbst. Ich bin so flattrig.

Allein in diesem vergangenen Jahr habe ich *Frühlings Erwachen, A Night in the Luxembourg* und *Salome* auf Griechisch gelesen. Nachher habe ich sie verbrannt, vergraben und verstümmelt, aber ihre Botschaft flammt in meiner Seele, nur daß ich die Botschaft nicht lesen kann, solang das Feuer nicht niederbrennt. Ich muß Geduld haben.

Achter September

Ich bin dabei, ein großes Geständnis abzulegen.

Dies ist mein Geständnis:

Ich habe irgendwo eine unbefriedigte, aufsässige Drüse in mir, dieselbe identische Drüse, davon bin ich überzeugt, die den *Blue Bird* hervorgebracht hat und die den Habsburgern diesen unerschütterlichen Ausdruck der Heiterkeit verleiht.

Ich glaube, sie wird Infantilitätsdrüse genannt; wie dem auch sei, sie ist da. Sie verlangt nach ihrem Recht.

Neunter September

Ich bin um mein ganzes Seeufer herumgelaufen. Und ich habe mich hinuntergebeugt und von den Wasserlilien, soviel ich konnte, an mich gerafft und ans Herz gedrückt – aber mein besseres Ich hieß mich, sie freizugeben.

Dann raffte ich eine Handvoll Kieselsteine zusammen und begann, damit nach den Goldfischen zu werfen, bis mir dämmerte, daß ich einen Drang nach Grausamkeit befriedigte, auf kleinliche Art.

Jetzt ruhe ich mich unter der Sonnenuhr aus und versuche, meine aufrührerischen Nerven zu beruhigen.

Während ich so dasitze, spiele ich mit einem abgefallenen Ahornblatt. Das Leben und die Jahreszeiten sind so unerbittlich, nicht wahr? Heute sind sie hier und morgen sind sie fort, es ist großartig und herzlos.

Mein Gott, wie ich da sitze, geht mir auf, daß ich vergänglich bin. Ach, wenn dieses Scheusal von einem Einstein sich wenigstens für meine Relativität begeistert hätte!

Zeit und Raum sind meine Feinde. Ginge es nicht um Zeit, wäre ich nicht gefährlich, und ginge es nicht um Raum, würde ich mich nicht so begrenzt fühlen.

Wie grausam ist die Vernunft! Um wieviel schärfer als ein Schlangenzahn ist die Meditation. Wie subtil ist das Fehlen von Vernunft!

Zehnter September

Ich sagte, daß ich vermutlich mein umfassendstes Geständnis abgelegt hätte. Ich habe gelogen.

Das ist es:

Ich bin ein kleines Mädchen, schier ein Kind, bei all meinen Jahren.

Ich bin ein gutherziges, versöhnliches Geschöpf, und ich sehne mich danach, es auszuleben; das Schlimme ist, daß ich alles und allen verziehen habe, drei- oder viermal.

Mich verlangt danach, meine weiblichen Regungen auszuleben, doch gibt es soviele weibliche Frauen, die dasselbe tun, habe ich da noch eine Chance, die ich nicht mehr bin, was ich einmal war?

Zum andern habe ich natürlich meine katzenhaften Eigenschaften.

Ich sehne mich danach, mich der Länge nach auszustrecken auf einer Couch und die Männer im Flur stöhnen zu hören, weil ich unpäßlich bin.

Ah, wie charmant!

Ich lechze danach, mich der Kunst hinzugeben. Ich fühle mit meinem natürlichen, unverbildeten Instinkt, daß ich irgendeiner neuen Bewegung viel bedeuten könnte, vorausgesetzt, ich könnte mich ihr anschließen, ehe sie sich zu weit bewegt hat.

Außerdem wünsche ich mir, ich hätte eine übersinnliche Wahrnehmungsgabe.

Ich glaube, es gibt unendlich viele Botschaften, die sich im Weltraum verlieren, auf der Suche nach einem Freund.

Beispielsweise überkommt mich eine Unzahl unbestimmter Gefühle, an einem einzigen Tag. Erst gestern war ich sprachlos, in einem Vorgefühl drohenden Unheils. Das Vorgefühl oder das

Unheil, ich weiß nicht, welches von beiden, rieselte regelrecht durch mich hindurch.

Es war kolossal!

Könnte es etwas Wichtiges angekündigt haben? Vielleicht bedeutete es, daß rote Schuhe von grünen abgelöst werden; vielleicht kündigte es neue Dimensionen an; vielleicht bedeutete es, daß es keinen Krieg mehr geben wird.

Wie soll man das wissen?

Und ich *muß* es wissen. Ich bin nun einmal so.

Elfter September

Heute bin ich ausgefahren. Ich stieg am Park aus und ging so für mich hin, unter diesen merkwürdig unschuldigen Kindern, die man immer in Parks sieht und die die Schwäne an den Schwanzfedern ziehen, die Fische mit Nadeln spicken und auf Hunden reiten.

Ich hatte einen Armvoll Little-Elsie-Bücher dabei und einige Exemplare der *Story of Mankind*, für Leute, die auf Vergeltung aus sind.

Aber es schien, daß niemand sie haben wollte.

Ich hatte ein halbes Dutzend von diesen Gummibällchen an Elastikschnüren, die auf einen zurückspringen, ganz gleich, was man tut. Die waren für Kinder an der Brust bestimmt.

Ich saß lange Zeit am Ententeich, betrachtete mein Spiegelbild im Wasser und dachte über die

Unmenschlichkeit der Menschen nach. Als ich gerade wieder in meine Kutsche steigen wollte, immer noch bei diesem Gedanken, wurde meine Aufmerksamkeit auf einen sehr jungen Mann gelenkt. Er konnte nicht älter als fünfundzwanzig sein.

Er hatte diesen sonderbaren, benommenen Ausdruck, den man auf den Gesichtern von Einwanderern sieht, die überwältigt sind in einem fremden Land. Er hätte ein Russe sein können, ein Schwede, ein Pole, ein Italiener, ein Franzose, er hätte alles sein können. Ich kam nicht dahinter. Ich stieg hastig in meine Kutsche, und während ich den Kutscher anwies, ins Shelborne zum Tee zu fahren, hielt ich die Augen unbeweglich auf seinen Rücken geheftet.

Zwölfter September

Heute kam ich in den Park zurück. Ich kam mit leeren Händen, um frei, unbehelligt zu sein.

»Alice«, sagte ich, »schwing dich auf, du bist noch jung, du liebst das Leben. Eine Frau ist so jung, wie sie aussieht, ein Mann so jung, wie er sich fühlt.«

»Alice«, sagte ich, »sei ein Mann, reiß dich zusammen. Noch bist du im Rhythmus mit dem zeitlosen Entwurf aller Dinge. Du weißt das.«

Aber mein Rhythmus macht mich müde!

Dreizehnter September

Ich komme nicht los von dem Park. Ich hänge leidenschaftlich an ihm. Ich sitze am Teich, und meine Gedanken kehren zurück zu dem jungen Mann von gestern oder vorgestern.

Er war so männlich. Der vollendete Gentleman, so erfahren, ohne irgendetwas gelernt zu haben, so zärtlich und doch so rassig. Ich glaube, er würde meine Tochter Mariann herumkriegen, eine Fügung ohnegleichen.

Ich muß ihn privat kennenlernen.

Vierzehnter September

Das Wohl meiner Tochter ist mir nahe – er sitzt auf der Bank, genau gegenüber. Er liest etwas. Ist es Lettisch, Finnisch, Schwedisch? Wie schön die Ungewißheit ist!

Fünfzehnter September

Es geht alles gut. Mein Bruder Alex kannte zufällig den jungen Mann. Kaum hatte er ihn gesehen, da rief er aus: »Menschenskind, Prendaville Jones!«

Man stelle sich mein Entzücken vor. Prendaville Jones! Der Name wimmelt von Möglichkeiten!

Siebzehnter September

Die ganze Familie hat ihn kennengelernt. Mariann hat den Appetit verloren, sie meidet mich. Kann es sein, daß ihr Herz jene geheimnisvolle Geste gelernt hat, Liebe genannt?

Achtzehnter September

Ich habe eine wahrhaft gräßliche Entdeckung gemacht. Oh, ich kann sie nicht niederschreiben.

Sie hat mich ins Bett getrieben, wo ich jetzt liege und darüber schreibe.

Die Tinte an meiner Feder ist zum hundertsten Mal eingetrocknet. Ich kann es nicht zu Papier bringen.

Ich habe Arnikawickel aufgelegt, und mein Kopf ist in Handtücher gepackt. Das Riechsalz, das Register der Oberen Fünfhundert und ein Führer von Montecarlo sind in Reichweite.

Ich bin nicht ich selbst.

Ich zünde eine Zigarette nach der andern an, und werfe sie alle aus dem Fenster in den leeren Raum, den ich Natur zu nennen pflegte.

Ich habe die Lampen zwanzigmal aus- und eingeschaltet, um mich zu beruhigen. Vergeblich.

Ich bin eine moralische und physische Bedrohung für die menschliche Natur.

Das ist es: Ich bin verliebt in Prendaville Jones! Ich, eine Frau von vierzig, erfahre noch einmal den Schmerz der Frühlingszeit, die Qualen der Liebe! Ich schlafe schlecht, ich verschmähe die Nahrung. Die Flammen der Eifersucht schlagen in mir hoch. Ich trachte meiner Tochter nach dem Leben! Meiner eigenen Tochter!

Und nun weiß ich, was ich tun muß.

Ich will keine Jugend. Ich will keine Leidenschaft. Ich will diese geliebten, öden Tage wiederhaben, die ich mit Gedanken an meine verlorene Jugend zubrachte, in der Einbildung, ich wollte sie zurückhaben. Ich will diese langen, wonnevollen, nichtsnutzigen Augenblicke mit meinen Elsie-Büchern und meinen Wasserlilien. Ich will die Stunden, die in stillen, fruchtlosen Gedanken an die Gefahr dahingegangen sind. Ich will die schwelgerischen, mittleren Jahre unter meinen abgewrackten Bekannten wiederhaben. Ich sehne mich nach Ruhe und den ereignislosen Vierzigern.

Ich sage Ihnen, ich möchte wieder sorglos sein.

Ich werde folgendes tun: Um Mitternacht, Punkt zwölf, werde ich meinen Spitzenmorgenrock anziehen, und mit dem Briefbeschwerer, dessen Unterseite das Bild des Hl. Georg ziert, der die Drachen austreibt, werde ich durchs hohe Gras hinuntergehen, wie es sich für eine Matrone in den unerbittlichen Jahren gehört, und mich dort, vom Rand des Teiches, hineinstürzen.

Niemand soll wissen, daß ich im Alter der Diskretion noch einmal erblüht war.

Denn ich kann die Rückkehr der Jugend nicht ertragen. Es ist zuviel, ich bin zu müde.

Ich werde mich umbringen!

Neunzehnter September

Ich habe mich umgebracht!

Gegen die Natur

Worin alles,
was jung, unzulänglich und lästig ist,
unter den Begriff »natürlich« fällt

Ich hasse die Natur.
Die Natur und die Einfachheit.
Ich habe sie immer gehaßt.
Ich fühle, daß ich sie immer hassen werde.

Ich habe die Einfachheit schon in der Wiege gehaßt. Ich neigte im zarten Alter von sechs Monaten zu Perioden grimmigen Schweigens, weil ich wußte, daß mich eine einzige Sicherheitsnadel zusammenhält. Ich hätte gerne gefühlt, daß meine Persönlichkeit mindestens drei Sicherheitsnadeln verlangt. O ja, wie hätte ich geschwelgt in dem Bewußtsein, daß ich, als einziges Baby in meiner Gemeinde, drei Sicherheitsnadeln brauche, die verhindern, daß ich mich auswickle.

Es regte mich auf, wenn die Druckknöpfe an meinem Nachthemd nicht aufeinandergedrückt waren, falls Sie verstehen, was ich meine.

Ich wuchs in Unruhe auf.

Mit siebzehn hatte ich genug von den Durchschnittshelden in Büchern. Ich sehnte mich nach einem, der seine eigene Geburt oder eine ähnliche Kleinigkeit vollbringt.

Mit neunzehn war ich nachgerade unwahrscheinlich. Mit dreiundzwanzig trug ich Burne-Jones-Kleider und reckte meinen Hals, bis er wehtat. Ich trug zwei grüne Daumenringe, und niemand, außer dem Gärtner unseres Orchideenhauses, der an sonderbares und unerklärliches Wachstum gewöhnt war, wagte mich anzusprechen.

Eine kultivierte Frau

Mit fünfundzwanzig lehnte ich mich an jede Gartenurne im Umkreis von sechs Meilen. Ich sprach geringschätzig zu Vogel, Vieh und Lurch. Ich war allein auf Raumgewinnung aus.

Ich wuchs.

Selbstverständlich war das alles sehr schwierig für meine Freunde. Meine Tee-Einladungen erreichten einen derart hohen Grad der Spannung, daß am Ende der Pastor eine Predigt über mich hielt. Er nannte die Predigt »Überspanne die E-Saite nicht« – ich habe vergessen, auf was für eine Moral sie hinauslief.

Ich bin keine Alte Jungfer. Ich bin weder bitter noch brummig, ich stichle keine dümmlichen Mottos. Nein, ich bin stolz auf mein goldnes Haar und meine hohen Absätze und die rotbraunen

Handschuhe, und an der Art, wie meine Nasenlöcher beben, ist zu erkennen, daß ich gar köstlich gelitten habe an Fragen wie dieser: wem hat Conrad mehr abgewonnen, den Frauen oder der See.

Ich vertrete fortschrittliche Ideen, aber keine pöbelhaft fortschrittlichen. Ich halte mich schön der Zeit voraus, wobei ich am vorteilhaftesten aussehe; den Kopf halb über die Schulter zurückgewandt, winke ich meiner Generation.

Ich bin auch nicht besonders gefährlich.

Man hält mich zwar dafür, einfach, weil ich anderer Leute Vorstellungen von Gefahr verspotte. Das bringt die Leute auf.

Ich bin eine kultivierte Frau. Es ist nicht zu bestreiten, daß ich viel gereist bin. In allem, was ich tue, ist ein Quentchen Europäisches: Beispielsweise versuche ich immer, wenigstens ein Land zwischen mich und meine politischen Überzeugungen zu legen – das ist ziemlich unüblich bei einer Frau, geben Sie es zu.

Außerdem habe ich gute Manieren. An meinem Gang kann man sehen, daß ich Napoleons Gruft und das Grabmal von Oscar Wilde besucht habe und die Wachsfiguren im deutschen Gruselkabinett. Es ist etwas an der Art, wie ich im Sessel sitze – zurückgelehnt, mit ganz geradem Rücken – was Ihnen eine Ahnung davon gibt, daß ich die Satteltechnik der Jeanne D'Arc in allen besseren französischen Ortschaften studiert habe, und nur jemand, der die große Treppe der Opéra mit besonders ehrfürchtigem Schritt emporgestiegen ist, könnte die Füße mit dem Gefühl von Verhängnis heben, das ich ihm einflöße, wenn ich die meinen hebe.

Die Sicherheit geht in Deckung, wenn ich daherkomme. Es gibt nicht eine Katze im Umkreis meiner Wohnung, die nicht sechs Zoll höher springt als irgendeine andere Katze, um den Zaun freizumachen, eben wegen jenes Etwas in meiner Persönlichkeit.

Aber das ist es nicht allein, was mich auf meine Art schmale Augen machen läßt und traurig in meinem Endiviensalat stochern.

Es ist die Erkenntnis über die Unmenge von Dingen, die unter den vernichtenden Oberbegriff Natur und Einfachheit fallen. Alles, was unzulänglich, jung und lästig ist, wird natürlich genannt.

Die Männer fallen unter diesen Begriff –

Die Liebe fällt darunter –

Die Babys –

Die Jugendzeit –

Die Weiblichkeit –

Die *débutante* –

Die *jeune fille,* und

Alle Arten von Naturliebhabern, männlichen und weiblichen.

Zu dieser Aufstellung von »natürlichen« Dingen möchte ich den Heuschnupfen, Kriminalromane, schlechte Laune, Versprecher, Hochmut und was immer man zu tun vergißt oder zu faul ist, auszuführen, oder nicht raffiniert genug war, zu verheimlichen, hinzuzählen.

Lassen Sie mich als erstes die Sache mit den Männern behandeln.

Die Männer sind so simpel, daß man unweigerlich erkennt, wann sie verliebt sind, an der seltsamen Art, wie sie einem die Vorhänge herunterreißen – und sich auf jedes Foto stürzen, auf dem nicht sie selbst abgebildet sind, und das einem möglicherweise liebgeworden ist. Das zweite Stadium führt Pistolen ein, die sie freilich nie abzufeuern gedenken, und falls doch, dann gänzlich halbherzig; und es dauert nicht lang, bis sie einem zu Füßen fallen, nachdem jede andere dramatische Pose ausgeschöpft ist – aber dabei ist nur ein weiteres Naturgesetz am Werk – auch der Agrostiswurm beginnt seine Unterminierung an der Basis.

Verführer an allen Ecken und Enden

Ich bin von vielen Männern verehrt worden. Männer aus dem glühenden Süden kamen über die grüne Grenze herauf nach New York, um Warnungen zwischen den Zähnen hervorzuzischen wie »Paß auf!« oder »Vorsicht, Gefahr!« Aber am Ende war ihre Kraft in der Gefahr so gering, daß es mir überlassen blieb, das Tigerfell in Stücke zu reißen, ganz allein, Stück für Stück, Haar für Haar.

Männer aus dem kalten Norden, schwer mit Fellen behangen, die so viel Paar Fäustlinge übereinandertrugen, daß sie gänzlich außerstande waren, ihr Kartentäschchen zu erfingern, haben mich zu überzeugen versucht, daß ich gar liebreizend aussehen würde vor einem kleinen Eisberg als Hintergrund, und für den Rest des Abends war es meine schmerzliche Pflicht, sie davon abzuhalten, wegen ihrer tropischen Exzesse in frisches Grün auszuschlagen.

Daran sehen Sie, daß sie nicht nur lächerlich sind, sondern sich gegenseitig aufheben.

Hinzu kommt, daß sie die Frau für den legitimen *cul-de-sac* jeder dümmlichen Tätigkeit zu halten scheinen.

Und schließlich, wenn sie sie gänzlich mürbe gemacht haben, kommen sie mit den Kindern daher.

Ich möchte allerdings gern wissen, warum gerade Kinder zur Rechtfertigung der Existenz einer Frau herhalten müssen.

Sich in einem Leben fünf- oder sechsmal zu rechtfertigen, das heißt doch, wie mir scheint, auf einem Punkt herumzureiten, den sogar die Natur auf sich beruhen läßt, und die Natur läßt kaum je etwas auf sich beruhen.

Und doch machen manche Frauen weiter, ein siebtes oder achtes Mal.

Ich meine, es wäre weitaus delikater, und zwar in jeder Hinsicht, wenn die Frauen aufhörten, sich der Kinder als Beweisgrund zu bedienen. Man sollte nicht durch Weiblichkeit Beachtung erzwingen.

Und nun kommen wir zur *jeune fille*.

Ich hasse die *jeune fille*. Soviel Jugend gibt es gar nicht. Immer schreien sie überrascht auf: »Wo bin ich?«, wenn sie eine Spur zu zeitig fürs Frühstück aufwachen.

Und, o Gott, die *débutante*.

Ich weiß, daß jedes junge Geschöpf ein Anrecht hat, einmal hervorzutreten, aber sie treten zu weit hervor. Sie schlittern dahin und landen geradewegs hier draußen, mitten unter Frauen, die gelitten haben und dabei ihre Zigaretten nicht haben ausgehen lassen.

Irgendwie spüren sie, daß die Natur auf ihrer Seite ist.

Das ist es, was ich gegen die Natur habe. Die bloße Anwesenheit einer *débutante* bringt mir zu Bewußtsein, daß Einfachheit nichts für mich ist. Am liebsten würde ich mir Rosen – extra rot – ins Haar flechten und unausstehlich verrückt spielen. Denn ich könnte dem Wahnsinn manches zuführen, was er nie gehabt hat.

Ja, wenn ich die *débutante* lachen höre und all ihre Unzulänglichkeiten wahrnehme, die in Beinen enden; wenn sie über Shaw diskutieren, vom Standpunkt des Respekts für den Bart und über Henry James, weil er alles so herrlich ungesagt gelassen hat; – dann, ja dann möchte ich den Efeu, der sich um das Familiengrab gerankt hat, herunterreißen und in die Wüste gehen, mit einem sympathischen, recht weltklugen Mönch ohne allzu große Neigung zu leidenschaftlichem Verzicht.

Hier muß ich nun eine Frage einflechten: Wie können junge Mädchen in so großer Sicherheit leben und doch, ganz unverhofft, in das »gefährliche Alter« kommen?

Das ist nicht der Stoff, aus dem Gefahr gemacht ist.

Man kann unmöglich gefährlich sein, solang man nicht *zuviel* über die Liebe weiß.

Liebe ist die Trumpfkarte der Natur.

Einst hat man mir erzählt (wie sollte es anders sein), daß die Liebe schön ist. Meine Mutter hat es mir erzählt; sie mußte es wissen, sie hat nie eine gehabt. Der Mangel regte ihre Phantasie an. Ein Wissenschaftler wird Ihnen sagen, daß der Mangel immer diese Wirkung hervorbringt.

Sie sagte, die Liebe ist eine Zaubermacht; sie sagte auch, die Liebe ist eine Gabe, die nicht nur kostbar, sondern zwiefältig ist, und daß man nicht damit zu spielen hat. Sie setzte hinzu, daß die Liebe nichts für die Massen ist. Wozu sie gut ist, sagte sie, das hätte sie nie herausbringen können; sie sagte, vielleicht gehöre sie ihrem Wesen nach zu H. G. Wells.

Sie sagte, daß unter den Naturliebhabern niemand so hingebungsvoll sei wie der müde Geschäftsmann, und sie setzte hinzu, daß es vielleicht überhaupt nicht darauf ankommt.

Ich habe sie nie gefragt, was sie damit meint. Ich habe sie nicht gefragt, weil ich selbst ein wenig über Geschäftsmänner als Naturliebhaber weiß.

Sie lieben die Natur noch mehr als Annette Kellermann und Isadora Duncan zusammen. Der Geschäftsmann macht sich stark für jede gesellschaftliche Scheußlichkeit, deren Anstifter er möglicherweise war, einfach indem er die Natur ins Spiel bringt. Er zerrt ständig an Ihren Nerven durch grelle Beschreibungen eines Zuhauses mit Kletterrosen an der vorderen Veranda und Rauch, der aus dem Kamin aufsteigt und Hühnern, die Eier legen im Hinterhof.

Ich vermute, kaum jemand ist sich bewußt, wie gefährlich es ist, die Natur zu lieben. Ich habe gesehen, was für sonderbare und schreckliche Dinge sie an Menschen angerichtet hat, die einen guten Start gehabt hatten.

Aus Liebe zu Pflanzen haben Menschen die Fähigkeit zum Alleinestehen verloren und sind für immer abhängig geworden. Infolge der Beschäftigung mit kriechenden, zweihülsigen Wesen haben sie es dermaßen lange versäumt, sich zu rasieren, daß sie wegen ihres langen Bartes im Haus zu nichts mehr zu gebrauchen waren.

Einige der besten Familien haben sich zu Fotografien für die Bildseite der Times hergegeben: auf dem Foto knietief in Binsen und Fuchsschwanz stehend, halten sie das Familienbaby auf der Höhe ihrer Umlegekragen – und darunter ein Titel wie: »Er liebte die Natur, aber die Natur hat nicht gewartet.«

Den Frauen hat die Liebe zur Natur allerdings noch Schlimmeres angetan. Unter ihrem Einfluß werden Frauen anfällig für Netze und schrille, kleine Mitleidsschreie, weil sie auf einen Wurm getreten sind oder den Schmelz von einem Schmetterling gestreift haben.

Nun, da ich Ihnen gesagt habe, was ich hasse, und warum ich es hasse, werde ich Ihnen sagen, was ich gern anstelle von Natur und Einfachheit hätte; denn, wie Sie vermutet haben werden, ich bin keine von Grund auf zersetzende Kritikerin. Nein, ich glaube an das Konstruktive.

Ich wünsche mir Frauen, die ihr Schicksal ohne Kinder meistern –

Débutantes, die auf die Jugend pfeifen –

Jeunes Filles, die ihr nachtrauern –

Männer, die nicht mit ihr rechnen –

Liebe, die sie nicht mitenthält –

Und Naturliebhaber, die der Natur ein paar private Augenblicke gönnen – auf diese Weise würde vielleicht etwas Wunderbares geschehen!

Ja, ich wünsche mir Verstrickung, Falschheit, Perfidität – alles, alles, was einen Schritt entfernt ist von jener ewigen Einfachheit, die jedermann zu lieben scheint.

Ja, ich bin die, die schmale Augen macht und in ihrem Endiviensalat stochert, und es ist mir egal, wer mir dabei zusieht.

Amerikanische Frauen und adlige Ehemänner

Ein Junitag, eine Laube voller Rosen, ein Wirbel in der Öffentlichkeit, und wiederum hat eine junge Amerikanerin einen adligen Ausländer gekapert oder ist von ihm gekapert worden. Danach eine Luxussuite auf der *Majestic* oder der *Leviathan*, das Schwenken eines Spitzentaschentuchs beim Abschied, und abermals ist eine junge Amerikanerin für ihr Heimatland verloren. Abgesehen von einem Gelegenheitsbesuch wird sie nicht zurückkehren, es sei denn, feierlich angekündigt von der Publicity, die mit einem Scheidungsprozeß kommt, so zuverlässig und geräuschvoll wie mit einer Eheschließung. Aber was wird aus den amerikanischen Bräuten, die sich mit Krönchen – und gar mit Kronen – vermählen und danach nicht mehr gesehen werden, die im Ausland leben, die an ihrem Heim und ihrem Gatten hängen und die offensichtlich zufrieden, ja sogar glücklich sind? Haben sie sich wirklich gefunden? Sind sie wirklich zu Haus in ihrer ausländischen Umgebung?

Als ich nach Rom kam, nahm ich die Gelegenheit wahr, bei der Principessa San Faustino, einer Hofdame der Königin, vorzusprechen. Die Principessa – sie war eine Miss Jane Campbell vor ihrer Heirat – ist gebürtige Amerikanerin und durch ein langes Leben außerhalb ihres eigenen Landes, was die intime Berührung mit einer ihr fremden Tradition einschließt, bestens befähigt, der jungen Amerikanerin einen Rat zu erteilen.

Hingegossen in ihren Spitzen, im Palazzo Barberini, Spitzen, in denen sie jeden Tag ein wenig tiefer versinkt, wie in einer gefühllosen, schäumenden Woge – denn sie ist gebrechlich vor Alter und erschöpft von königlichen Obliegenheiten –, sagte die Principessa: »Die junge Amerikanerin, die aus ihrer eigenen Nation wegheiratet, gibt eine vertraute Mythologie zugunsten einer unvertrauten auf. Sie entledigt sich einer Tradition, die ihre eigene ist, zugunsten einer Tradition, die sie niemals begreifen kann. Traditionen, feste Bräuche, Sitten kann man sich nicht aneignen. Sie stecken einer Rasse im Blut, und nur die Menschen, die auf sie eingestimmt sind, können ihr perfektes Medium sein. Die Musik einer Violine tönt nur durch die Violine, sie kann nicht die Aufgabe der Harfe übernehmen und nicht mit Harfenstimme singen. Ein Land ist ein Instrument, die Musik, die aus ihm kommt, entspricht nur seiner eigenen Façon.«

»Sprechen wir von der jungen Amerikanerin

im Verhältnis zum Italiener, denn nur hierin«, sagte sie schlicht, »kenne ich mich wirklich aus. Der Italiener ist zutiefst untreu, seine *liaisons* klingen, denn sie sind ein Teil seiner Orchestration. Es ist seine Lebensweise; er weiß nicht, was ›untreu‹ für eine junge Amerikanerin heißt. Er versteht den Schrecken nicht, der sie bei diesem Wort durchzuckt. Erstaunt sieht er, mit welchem Beben empörter Gefühle sie ihm ein Verhalten vorwirft, das für ihn nicht Treulosigkeit, sondern Sitte, fester Brauch ist. Lassen Sie es mich erklären. Feste Bräuche beherrschen sein Leben: Er heiratet, weil es Brauch ist, es gehört zum guten Ton, ein Heim und Kinder zu haben, und peinlich genau erweist er seiner Gattin die Höflichkeit dieses Status. Er versäumt nie, ganz gleich bei welcher Gelegenheit oder wo sein irrendes Herz sich befinden mag, ihr die Ehrerbietung zu erweisen, die ihr als seiner Gattin und Mutter seiner Kinder gebührt. Wenn sie ihn braucht, ist er zur Stelle, er ist der vorbildlichste Gastgeber. Wenn sie unpäßlich ist, wird er zum zärtlichsten, aufmerksamsten Krankenpfleger; wenn sie stirbt, wird er in aller Aufrichtigkeit der betrübteste unter den Sterblichen sein. Aber« – sie reckte sich ein wenig aus den sie umwallenden Spitzen, und für einen Augenblick kam aus der verschwenderischen Fülle von Batist ein magerer Arm zum Vorschein – »ist er auch nur zeitweilig treu, so wie wir das Wort verstehen? Ist er dem Mädchen, das seine Lebensgefährtin ist, mit Leib und Seele ergeben? Niemals. Er sieht viele schöne Frauen – es gibt derer so viele in Italien – und es ist ein Teil seiner Erziehung, wenn er in die Knie geht, um der Schönheit der Welt zu huldigen. Eine junge Amerikanerin wird das nie verstehen, geschweige denn verzeihen, denn es ist seine Musik, und nicht ihre. Sie versinkt plötzlich ins Elend, sie streitet, sie zankt, sie macht ihm Vorwürfe, und am Ende verliert sie ihn, entweder durch Scheidung oder, wenn sie gebunden bleibt, durch seinen Mangel an Achtung für ein Gefühl, das ihm über alle Maßen vulgär erscheint. Er kann ihre Psychologie nicht verstehen, ihren Mangel an dem, was er an einer Dame und Ehefrau für das Wesentliche hält: Lebensart, seine Lebensart. Aber wenn sie (und es kommt selten vor) ihr Ohr schulen kann, wenn sie ihre Augen schließen kann, wenn sie nicht ›verzeihen‹ will – denn das ist bereits eine Zudringlichkeit – sondern wenn sie hinzunehmen vermag, dann kann sie eine sehr glückliche Frau sein. Es gibt keinen liebenswürdigeren Mann auf der Welt als den Italiener. Man sagt ihm nach, daß er die Amerikanerin allein ihres Geldes wegen heiratet; ich halte das nicht für einen gerechten Vorwurf. Er heiratet die Frau, die ihm liebenswert erscheint. Der Italiener gibt eine Welt für Freundlichkeit und Zuneigung.«

»Die amerikanische Frau ist genaugenommen untauglich zu einer internationalen Ehe, weit untauglicher, als die Frauen irgendeiner anderen Nation. Sie hat gerade das zunichte gemacht, wofür die ganze Welt Verständnis hat. Sie hat das Mysterium des Sexus abgeschafft; sie ist herausgetreten aus dem gewaltigen und göttlichen Schatten der Religion; sie hat sich der Welt zur Schau gestellt. Mit anderen Worten, sie ist eine Geschäftsfrau, die für ihren eigenen Unterhalt aufkommt, die gleiche Rechte fordert, worin immer sie bestehen mögen, und beinah völlig gleichgültig gegenüber der Mutterschaft. Mit alledem hätte sie einen guten Einfluß in Europa ausüben können, wenn nicht alles dermaßen übertrieben wäre. Die Italiener brauchen, wie die Franzosen, Mumm und Schwung. Dreißig Jahre zurück hätte die Amerikanerin das bringen können. Aber nun ist sie so weit gegangen, daß niemand es mit ihr aufnehmen kann, nicht einmal ein Amerikaner. Ich bewundere sie, ich kann nicht umhin, etwas so Merkwürdiges und Individuelles zu bewundern, aber was soll aus ihr und ihrem späteren Leben werden, wenn sie ins Ausland heiratet?« Sie hielt inne. In dem Schweigen war eine Biene zu hören, die sich sirrend von einer kristallnen Traube zu einer kristallnen Pflaume schwang, auf der Suche nach der Essenz dieser so akkurat nachgeahmten Natur.

»Hier«, sagte sie, indem sie ihr in ihrer Ratlosigkeit zusah, »haben Sie alles aufs schönste dargestellt, die Biene, die nach Honig sucht, wo keiner ist. So wird der ausländische Mann bei der Amerikanerin vergeblich nach jener femininen Quintessenz suchen, die nicht mehr zu ihren wesentlichen Eigenschaften gehört, und wird betroffen, verloren und enttäuscht sein.«

»Die Frau von vierzig«, sagte sie, »*das* ist die wahrlich fatale Reisende. Sie stammt aus einer andern Generation, was sie verrückt macht, ein halbviktorianisches Herz in eine Welt des Jazz und des Vergnügens geschleudert. Sie ist lächerlich sentimental und albern. Ihre Vorstellung von den Ausländern ist schlechthin barbarisch. Sie hält jeden Spanier für einen Valentino, jeden Franzosen für einen Don Juan, jeden Ägypter für eine Art ungekrönten König. So macht sie sich zur vollendeten Närrin. Sie verläßt ihren gutmütigen und fleißigen Ehemann, der hart arbeitet in Amerika, um sich selbst in Monte Carlo, in Florenz, in Paris lächerlich zu machen. Sie flirtet hemmungslos mit dem erstbesten Argentinier, der ihr über den Weg läuft; jeder Dummkopf, der Französisch spricht, ist ihrer Meinung nach hinreißend, und von den schwarzen Augen irgendeines Niemand aus Algier ist sie buchstäblich überwältigt. Sie macht sich zum Gespött; denn kein Ausländer läßt sich mit einer verheirateten Frau von vierzig ein, es sei denn, ihres Geldes wegen, und es ist der Abschaum von jeder Rasse. Sie wird zur Zielscheibe des Hohns, sich selbst und ihrem ahnungslosen Ehemann zur Schande.«

»Oh«, sagte sie, »es ist sehr bedauerlich, wenn die Frauen vergessen, daß ein Heim und Kinder und die Religion und ein kleiner Unterschied in ihren Rechten das Leben lebenswert machen. Ich habe einen Ausländer geheiratet, ich hatte Kinder, mein Mann ist tot, aber meine Kinder habe ich noch, und ich habe mir meine Traditionen und meinen Glauben bewahrt, ungeachtet der Tatsache, daß ich meinen Mann in seinem eigenen angetroffen und es dabei belassen habe. Höflichkeit, Kinder, Gott – das ist das Leben. Ja«, sie lächelte, »mein Sohn hat geheiratet – eine Amerikanerin. Ein charmantes Mädchen, hübsch, gescheit – wird sie gescheit genug sein?«

Ich stellte dieselbe Frage der Gräfin Bernstorff, auch sie eine Amerikanerin, vor ihrer Heirat eine Miss Vivian Thomason, und sie sprach, vielleicht weil sie jung ist, mit Humor.

»Ausländer – Deutsche, also, im Gespräch sind sie ja charmant, sie wissen alles, was man auch weiß, sie sind perfekt, was die Oper und das Museum angeht, sie erinnern sich genau, wann was geschrieben und gemalt wurde, es ist sogar eine Wonne, mit ihnen verlobt zu sein – aber heiraten –«. Die rote, rote Rose, die die Gräfin an der Schulter trug, flammte auf in einem Achselzucken. »Was denkst du darüber, mein Liebes?« fragte sie, an die überaus liebliche Baronin Manolita von Oppenheim, ein glühendes Kind Spaniens, gewandt. »Fragen wir sie zuerst, weil es von uns Amerikanerinnen heißt, daß wir so schwer zufriedenzustellen sind und die Spanierinnen so leicht«, setzte sie auf Englisch hinzu, um nicht die Gemütsruhe des kleinen Geschöpfs zu stören, die nur ihre eigene und die Sprache ihres Mannes spricht.

Das Lächeln der Baronin erstarb. »*Gemütlich!*« [i.O. deutsch] rief sie aus, um die Deutschen in ihrer eigenen Ausdrucksweise zu verdammen. »Eine eitle, selbstsüchtige Sippschaft. Wenn Sie alles hören wollen, über alle Themen, die keine Frau im entferntesten ausstehen kann, heiraten Sie einen Deutschen. Sentimental sind sie, oh ja, sehr sentimental, und Sie sind *schön, schön*« [i.O. deutsch], sagte sie, um das Deutsche nachzuäffen, »aber sobald Sie verheiratet sind, heißt es: ›Mach das‹, ›Laß das sein‹.« Es war offensichtlich, daß sie insgeheim eine sehr bestimmte Vorstellung von dem hatte, was ein Ehemann sein sollte und nicht gewesen ist.

Die Gräfin war entzückt, sie kniff sie in die Wange und reichte ihr eine Praline. »So ein Darling! Was kann schon ein Deutscher anfangen mit einem solchen Schatz. Sie sind so materialistisch, wissen Sie, trotz der enormen, geräuschvollen Schwingen ihrer Phantasie. Die Frau muß eine gute Gattin sein, voilà! Sie muß Kinder kriegen, Jahr um Jahr. Ich war dreimal verheiratet und doch glaube ich nicht, daß alle Schuld den ausländischen Ehemann trifft. Ich glaube, die amerikanischen Frauen sind allzu sehr aufs Vergnügen versessen – und aufs Trinken, ja, aufs Trinken. Ich muß das offen sagen. Sie wissen nicht mehr, wie sie sich zu benehmen haben, vor allem, wenn sie nach Europa kommen, obwohl die Zügellosigkeit lange schon begonnen hatte, ehe sie durch die Prohibition zur Mode wurde. Männer und Frauen sind zu ›kameradschaftlich‹, zu ›intim‹ geworden. Wissen Sie, was das bedeutet? Wenn eine Amerikanerin die Kameradin eines Amerikaners ist, mag das angehen, aber versuchen Sie Kameradschaft zu halten mit einem Ausländer. Er wird schlichtweg glauben, daß Sie nicht ganz bei Trost sind, und wird Sie mit der verquälten Höflichkeit, mit einer Spur von Argwohn behandeln, wie sich's für eine Irre gehört; aber nicht einen Augenblick lang wird er Sie verstehen. Wenn umgekehrt ein deutsches Mädchen einen Amerikaner heiratet, dann freilich ändert sich die Musik. Sie wird verblüfft sein über seine ›kameradschaftlichen‹ Neigungen, über seine phantastischen Anstrengungen, sie ›gleich‹ zu machen. Sie wird im siebten Himmel sein vor Glück, bis sie eines finsteren und regnerischen Tages ihre Bettdecke nehmen und in hundert Fetzen reißen wird, um sich auf dem höchsten Ast des allerhöchsten Baumes aufzuhängen, weil sie just einen Tag zuviel hatte in ihrer Unfähigkeit, diese nicht endende Kameradschaft auszuloten. Sie wartet unentwegt auf den Meister, und wenn sie umsonst gewartet hat, wird sie meinen, sie habe womöglich etwas Charmantes und Unübliches, aber ernstlich Widernatürliches getan durch ihre Heirat, und wird, wie gesagt, auf den Baum klettern und eingehen zu einem gerechten Gott.«

»Wissen Sie, die Amerikaner sind keine Leute mehr, sie sind, was man in der Biologie einen aufgegebenen Versuch der Natur nennt. Schauen Sie sich doch den Fall der Anna Gould und des Marquis de Castellane an; er konnte sie nicht verstehen, sie konnte ihn nicht verstehen. Er war gewöhnt an ein Leben, in dem Frauen gute Mütter spielen, wenngleich in der höchsten gesellschaftlichen Besetzung, in der sie ihre Kinder anbeten als das Wichtigste in ihrem Leben; wo selbst eine hochgestellte Witwe zuallererst an die Zutaten für das Nachtmahl ihres Sohnes vor denen des Familienstammbaums denkt. Die amerikanischen Frauen leben fürs Vergnügen, ausländische Frauen für die Pflicht. Ich habe auch meine Meinung über die amerikanischen Männer. Ich war mit einem verheiratet. Ich glaube, sie sind nicht halb so viel Kavalier, wie die Ausländerinnen sich erträumen. Sie sind nett zu einer Frau, wie eine Person ›nett‹ ist zu einer Mumie. Sie wissen nicht, woraus sie gemacht ist, und was am schlimmsten ist, es kommt ihnen gar nicht in den Sinn, daß sie's nicht wissen. Sie bilden sich ein, sie sei genau wie sie selbst. Das erklärt ihre ›Kameraderie‹. Es ist auch der Grund, weshalb die Ehen nicht halten. Naja, Sie werden sagen, wer ist dann der vollendete Ehegatte? Ich bin zu dem Schluß gelangt, daß es wahrscheinlich der Engländer ist. Ich habe nie einen gehabt, deswegen mag es eine Täuschung sein, aber mir erscheint er – selbstverständlich von meinem Standpunkt aus – als der rücksichtsvollste, weil er einen nicht ›beobachtet‹. Er gibt Ihnen keine Freiheit, gerade weil er nicht weiß, wann Sie sie sich nehmen. Er ist wohltuend vergeßlich, und ein wenig Vergeßlichkeit ist unverzichtbar für den Frieden von zwei Leuten, die das Zusammenleben wählen.«

»Ich weiß, daß es Freiheit an und für sich nicht gibt, wenn zwei Leute durch den Ehestand verbunden sind. Freiheit ist ein köstlicher, unmöglicher Traum von Menschen, die nicht wissen, wie sie sich aufs Leben einstellen sollen. Es ist ein Wort für Unzulänglichkeit, ein Symbol für den Mangel an Macht. Jedermann kann gerade so frei und um nichts freier sein, als die Grundbedingungen des Lebens es erlauben. Aber diese Freiheit erwächst aus Wagemut, und amerikanischer Wagemut und ausländischer Wagemut sind so sehr zweierlei! Eine Gazelle und ein Büffel würden, vor denselben Wagen gespannt, äußerst ungleich ziehen.«

Die Comtesse de Chambrun, ehemals Clara Longworth, sprach knapp und pointiert:

»Leute, die glücklich verheiratet sind«, sagte sie, »die reden nicht, die haben kein Bedürfnis danach, an ihnen ist nichts Ergötzliches für die Öffentlichkeit. Das trifft auf mich zu. Davon abgesehen möchte ich sagen, daß ich in der Regel nicht für internationale Verbindungen bin. Warum? Weil man in der Verschiedenheit der Nationalitäten zu viel übersieht, man sieht zu wenig. Wenn es zu Kritteleien kommt, wird zweierlei geschehen, es wird entweder heißen, ›Er oder sie macht das, weil er oder sie Franzos ist, und deshalb sollte man es verzeihen‹, oder ›Er oder sie macht das, weil er oder sie Franzos ist, und deshalb sollte man es *nicht* verzeihen‹.«

»Bei den richtigen Leuten wird sich die Tatsache ihrer Verschiedenheit zu ihrem besten auswirken, nicht etwa, weil sie in den grundsätzlichen Dingen sich verstehen, sondern weil sie sich nicht verstehen und deshalb darüber hinweggehen. Freilich ist das ein eher schattenhaftes Wohlergehen, es führt zu keiner echten Gefühlsverbindung, es ignoriert einfach die reizvollen psychologischen Aspekte zugunsten einer angenehmen Vergeßlichkeit.

Auf der anderen Seite wird, falls das Paar nicht großzügig ist, gerade diese Ungleichheit zu einem überstürzten Bruch führen. Die Ehe wird genau an demselben Felsen zerschellen, an dem die andern Zuflucht gesucht haben. Othello hat Desdemona nicht erwürgt, weil sie untreu war, sondern weil sie Venezianerin war. Er hat nicht die Untreue getötet; er tötete ein Urbild der Untreue, das mit dem Urbild in seinem Blut unvereinbar war.«

Die Herzogin von Clermont-Tonnerre machte, als ich bei Gelegenheit über die wachsende Zahl junger Amerikanerinnen in der Fremde als möglichen Bräuten auf dem ausländischen Markt sprach, einige einfühlsame Bemerkungen des Inhalts, daß die alte Rasse der frischen Lebenskraft der Amerikanerin bedürfe. Sie sagte, »wenn eine Amerikanerin den Fremden wahrhaft kennenlernen, ihn aus dem Herzen heraus erfassen könnte, wie es nur eine Liebende kann, würde sie den höchsten physischen Gewinn davontragen. Er würde die Schönheit der Kraft preisen. Die Franzosen verschieben immer auf morgen, was heute getan werden sollte. Ein Franzose hofft immer, etwas Besserem als seinen Geschäften nachgehen zu können. Ist es ein Schuhmacher, wird er Ihnen Stiefel anfertigen, aber nicht in diesem Monat, es ist Zeit bis zum nächsten. Das verdrießt die Amerikanerin, und mit dem Verdruß könnte sie ihm den Wert unverzüglichen Handelns beibringen, das er so schlecht beherrscht. Aber ihn heiraten – niemals! Einen Juden, ja. Mit Juden lassen sich die idealen Ehen schließen, weil sie kein Land besitzen. Sie werden sagen, aber die Amerikanerin ist das Ergebnis so vieler Rassen, daß auch sie sich leicht assimilieren sollte. Ja, doch ist die Mischung noch zu jung, ähnlich wie junger Wein, noch nicht harmonisch abgestimmt. Sie schießt immer aus ihrer Flasche hoch, sie ist zu eigensinnig und zu ungestüm. Die Frage ist nicht so sehr, was wird aus der jetzigen Generation, sondern was wird aus der künftigen? Die Kinder aus internationalen Ehen sind diejenigen, die am meisten zu leiden haben, sie werden weder still in ihren Flaschen liegen, noch werden sie imstande sein, unter Brausen und Schäumen daraus zu entweichen. Sie werden vor sich hin gären.«

Was ist Lebensart beim Sterben?

Darin ein Dutzend delikate Tode für draufgängerische Damen empfohlen werden

Vielleicht ist nichts im Leben so gänzlich ohne Unterweisung geblieben, wie der Tod. Viele Menschen, ja, ich darf sagen, alle Menschen, gedenken früher oder später zu sterben. Aber nie ist es ein unmittelbar bevorstehendes Ereignis; wenn Sie mit Ihren Freunden sprechen, wird Ihnen jedesmal auffallen, daß sie es sich für einen Regentag aufgespart haben, als Rücklage für eine verspätete Rache an der Gesellschaft. Doch irgendwie bildet sich bei jedem die Vorstellung vom Selbstmord als möglicher Ausweg, falls das Leben allzu eintönig – oder allzu turbulent werden sollte.

Die Selbstmordregister in den Zeitungen lenken immer wieder die Aufmerksamkeit der Welt auf die recht flüchtige Beschaffenheit des Lebens und die Unbeständigkeit des Fleisches. Alle Nationen haben zugeben müssen, daß das Leben etwas ist, was man heute hat und morgen verliert.

Wählen Sie Ihren Abgang jetzt, aber wählen Sie ihn mit Verstand. Man muß mit sicherem Geschmack sterben. Und doch fehlt vielen Menschen die Einsicht, daß für den Tod ein Ritual des guten Tons besteht wie für das Leben!

Was wurden nicht für ominöse Kapitel geschrieben über die korrekte Art zu stehen, zu sitzen, aufzustehen, sich zu verneigen, zu lachen und zu tanzen! Schwere Wälzer wurden zusammengetragen über die Lebenskunst; Versandhäuser betreiben einen schwungvollen Handel mit der Herausgabe von vorgedruckten Liebesbriefen, Ablehnungsbriefen und Briefen der Verzweiflung. Sie sagen einer jungen Dame, wie sie ihr Beileid auszusprechen hat, wie sie die Aufmerksamkeit des Großunternehmers wachhalten, wie sie sich Respekt verschaffen kann, wenn es um ein Haar zu spät ist. Mit anderen Worten, es gibt Regeln für jede bekannte und unbekannte Lebenslage, aber wo, frage ich Sie, gibt es eine einzige, schmale, knappe, zu Herzen gehende, unabweisliche Broschüre über den Tod und die korrekte Art, auf die eine junge Dame sterben kann?

Nein, diese Dinge werden seit undenklichen Zeiten der Eingebung des Augenblicks überlassen. Kein Wunder, daß die Menschen lieber ein langweiliges, verfehltes Leben weiterschleppen, als sich wegen ihres Mangels an Lebensart beim Sterben der üblen Nachrede auszusetzen.

Einige Pioniere haben hie und da die Tat vollbracht, jedoch ohne Regeln oder Billigung der Gesellschaft, in der sie gewöhnlich verkehrten. Sie wußten nie, ob sie elegant und ihrer Unsterblichkeit gemäß gestorben waren.

Bedauerliche Irrtümer

Ich selbst habe von manch bedauerlichem Irrtum gehört. Etwa im Fall jener jungen Dame, die sich bis zu den fernsten Tannen des leise flüsternden Hochwaldes hinausstahl, um sich dort ins leicht bewegte Wasser eines flachen Teichs zu werfen – angetan mit ihrem Allerbesten, bis zu den makellosen, kirschroten Strumpfhaltern – nur, um viele Wochen später wieder herausgefischt zu werden, hoffnungslos *demodée*.

Andere hinterließen bitter-süße Erklärungen, die später als Tischkarten verwendet wurden oder als Übungsblätter in Schulbüchern, in denen die Spencersche Handschrift gelehrt wurde – wieder andere starben in gänzlicher Obskurität, nur um sich als Berühmtheit wiederzufinden.

Vereinzelt hört man von Damen, die ein all zu hohes Maß an Lebensekel erreicht haben, um sich persönlich mit den betrüblichen Details des Selbstmords zu befassen; in solchen Fällen wird oftmals der Butler zu diesem Dienst gezwungen.

Nur ein Inder kann den Atem anhalten und lebendigen Leibes sterben. Wir sind neue Menschen; wir können bis jetzt nicht darauf hoffen, daß wir eine derart perfekte Kontrolle erreichen. Wir müssen unter Mühsal und Schmerzen emporsteigen.

Um ganz von vorn anzufangen; Sie müssen Ihrem Kolorit gemäß sterben. Es ist unentschuldbar, wenn eine Blondine einen brünetten Tod stirbt. Als goldhaarige Dame zu sterben wie eine, deren Haar tizianrot oder silbern ist, heißt nicht nur, eine Aufdringlichkeit, sondern eine Vulgarität begehen. Als Blondine aus dem Fenster zu springen oder sich zu erschießen, Gift zu nehmen oder sich die Pulsadern mit der Rasierklinge aufzuschneiden, zeugt von nahezu unaussprechlich schlechtem Geschmack. Für eine Blondine gibt es nur eine Art, mit allem Schluß zu machen, vorausgesetzt, sie ist schmal, von zartem Knochenbau und dünnhäutig.

Sie muß hängen.

Sie muß leicht, lässig und unbeirrbar hängen, bis sie tot ist. Sie sollte vorzugsweise an einem zerbrechlichen Gegenstand der italienischen Frührenaissance hängen; ein venezianischer Spiegel eignet sich immer vortrefflich. Eine Glasveranda gibt einen guten Hintergrund ab; das Licht schwelgt darin und die Luft ist nicht allzu frostig.

Eine Blondine muß zweierlei bedenken – Linie und Farbe. Sie darf sich nie zur Tragödie aufschwingen, und stürbe gleich jeder Teil einzeln an ihr. Sie muß daher ihre Füße leicht überkreuz legen, wie eine, die durch Wiesenblumen geht. Sie sollte nichts Schwereres anhaben als einen *peignoir,* schmerzlich weich und klugerweise hauchdünn. So wird sie mit einem Blick eindringlicher ästhetischer Würdigung abgeschnitten werden. Ihr Tod wird eine fadendünne Note der Pein anklingen lassen, gleich einem Strich über die E-Saite der Violine.

Der Tod für die Dunkelhaarige

Lassen Sie uns nun dem Fall der Brünetten näherkommen. Für den kalten, den grausamen, den schwerlidrigen Vampir der brünetten Spielart, für eine, die sich langsam bewegt, wie ein Wolfshund – was wird ihr in dem Anstandsbuch des Todes zugewiesen?

Gift.

Feuer ist auch statthaft, aber heutzutage kommt es kaum noch in Frage. Sie kann wohl schwerlich am Gasbrenner hängen, bis sie stirbt; ein Gasbrenner hat keinen *chic,* und zur Zeit werden immer weniger Kamine in der entsprechenden Größenordnung gebaut, und beinahe keine Freudenfeuer errichtet.

Also muß es Gift sein. Die Brünette darf nie den Fehler begehen, im häuslichen Kreis zu sterben. Sie sollte ein elegantes, gut ausgeleuchtetes

Restaurant wählen, mit zärtlicher Musik – vielleicht etwas von Chopin – und einen Begleiter, ein wenig lustlos auf seine Art, der dabeisitzen und zärtlich mit ihr flüstern kann, während das Gift zu wirken beginnt. Ich würde zu einem langsamen, grünen Gift raten. Die Chancen, gerettet zu werden, sind größer, und eine Brünette sollte mindestens zweimal sterben.

Es steht allerdings noch ein anderes Grab für sie offen, jenes nämlich, das der vorbeisausende Moskau-Express für sie bereithält, aber da es hierzulande sehr wenige von diesen Zügen gibt, und für diese wenigen kaum eine Nachfrage besteht, wäre es ein recht gewagtes Unterfangen. Es wäre über die Maßen widerwärtig, von einem Bronx-Express zur Canal Street überfahren zu werden.

Manche sterben in der Jugend und manche im Alter; oft ist es ein und dieselbe Person. Die weißhaarige Frau ist der häufigste Typus.

Eine weißhaarige Frau sollte sterben, indem sie sich aus großer Höhe hinabstürzt. Ihr Tod muß gewissermaßen atemlos sein. Weißhaarige Frauen sind gewöhnlich sehr begierig darauf, vom Singer Building zu springen oder vom Dach eines anderen, nicht weniger als dreißig Stockwerke hohen Bauwerks. Sie sind reichlich stolz darauf, daß es vierzig Treppengeschosse braucht, um Schluß zu machen mit einer schlichten, lebenslangen Routine.

Es versteht sich von selbst, daß das letzte Wort, die Ultra-Märtyrerin, *la mort magnifique*, der Tod *tranquille, splendide,* der hübsche, gemütliche [i.O. deutsch] Tod, sich ausschließlich unter den rothaarigen Frauen findet; rothaarigen Frauen, die es keine Minute länger aushalten.

Es ist unabwendbar. Sie müssen, sie müssen einfach durch *Wasser* sterben.

Eine rothaarige Frau, die zum dritten Male untergeht, im lichtklaren, durchsichtigen, sanften, wohltuenden, alles in sich aufnehmenden, allmächtigen Wasser! Was könnte uns eindringlicher bewegen, was uns tiefer ergreifen? Eine lodernde Flamme, die hinabtaucht in die Hülle einer mürrischen See!

Aber es ist schwer, sie dazu zu bringen!

Die Rothaarige

Es gibt eine Menge Leute, die jederzeit bereit sind zu sterben, vorausgesetzt, sie finden etwas, das eine Spur weniger fordernd ist als der absolute Tod. In diesen Dingen ist niemand hitziger als die Rothaarige. Für sie gibt es mancherlei, was »fast so gut« ist wie der Tod. Abgeschiedenheit, zum Beispiel, weit, weit fort von der tobenden Menge; Länder, die man besuchen kann; die vierte oder fünfte Dimension, die man erreichen kann. Es gibt faszinierende Russen, mit Pelzen und Schlitten, die nicht wissen wohin; interessante Norweger, die Eisberge im Überfluß besitzen; es gibt jede Art schwarzer und weißer Magie und zeitlose Religionen und Glaubensbekenntnisse, die eine rothaarige Frau außer sich geraten lassen.

Alle diese Einrichtungen sind der Rothaarigen bekannt. Die meisten von ihnen hat sie erfunden. Die meisten Innendekorationen der vierten Dimension stammen von ihr.

Ja, die Rothaarige muß durch Ertrinken sterben; sie darf keinen gewaltsamen Tod sterben, derlei ist den niederen, gehetzteren Klassen vorbehalten. Sie muß langsam sterben, prunkvoll, rhythmisch, im Wasser.

Und die Dicke?

Für sie, das arme Ding, gibt es so wenig Alternativen. Sie kann weder rasch, noch schön, noch ergreifend sterben. Ihr Ende muß stolpernd und mühevoll sein.

Für sie ist die Pistole bestimmt. Vielleicht wird sie zwei- oder dreimal abdrücken müssen; die Lage des Herzens muß geortet werden. Hat sie jedoch die genaue Stelle gefunden, so gibt sie eine sehr stattliche und imposante Erscheinung ab. Das Gewicht ist immer ein wenig auf der Seite des Todes.

Und als letzter – *Ihr* Tod und *meiner.*

Ach, für uns gibt es keine freie Wahl, wir erkennen nur zu gut, daß die echte Aristokratin, die wahrhaft geistige Größe, die absolut überlegene Person nur ein unausweichliches Schicksal hat; mögen wir die Verzögerung noch so tief beklagen, wir können uns nicht herablassen zu der Banalität selbst des subtilsten Selbstmords. Für uns gibt es nur einen möglichen Tod – den Tod durch Langeweile.

Quellen, Anmerkungen

Der 1. April
The First of April. Messages by wire and a rendez-vous in Rome prove two lovers that love is a pleasant habit.
In ›Vanity Fair‹, XXXIV, März 1930.
Aus dem Nachlaß von Djuna Barnes, McKeldin Library, University of Maryland.

Der Rose einen Namen geben
Naming the Rose. How to make so-called ›unsafe‹ things, safe for home.
In ›Shadowland‹, VIII, Mai 1923, unter dem Pseudonym Lydia Steptoe. Aus dem Nachlaß (a.a.O.).

DER ROSE EINEN NAMEN GEBEN: Anspielung auf William Shakespeares *Romeo und Julia,* II. Akt, 2. Szene: Julia: Denn nur dein Name ist es, der mein Feind ist. Du bist du selbst, auch ohne Montague ... Was heißt das: Heißen? Was wir nennen *Rose,* das duftet grad so süß mit anderm Namen.
SCHATTENSEITE: Aus dem amerikanischen Schlager "I shall take my sweetie on the shady side of the street".
HELL'S KITCHEN: Verrufener Stadtteil von New York.

Madame wird älter

Madame Grows Older. A journal at the dangerous age.

In ›Chicago Tribune Sunday Magazine‹, 9. März 1924, unter dem Pseudonym Lydia Steptoe. Aus dem Nachlaß (a.a.O.).

FRÜHLINGS ERWACHEN: von Frank Wedekind (1864–1918), entstanden 1891, Erstaufführung 1907 in München.
A NIGHT IN THE LUXEMBOURG (Eine Nacht im Jardin du Luxembourg): nicht identifizierbar.
SALOMÉ: von Oscar Wilde (1854–1900), erschienen 1893.
BLUE BIRD (Der blaue Vogel): von dem belgischen Schriftsteller Maurice Maeterlinck (1862–1949), erschienen 1909.
LITTLE ELSIE: Zwischen 1867 und 1882 veröffentlichte M. F. Finley 27 Bände über Elsie Dinsmore.
THE STORY OF MANKIND (Die Geschichte der Menschheit): von Hendrik Willem van Loon, holländischer Schriftsteller (1882–1944), erschienen 1921.

Gegen die Natur

Against Nature. In which everything that is young, inadequate and tiresome is included in the term natural.

In ›Vanity Fair‹, XVIII, August 1922, unter dem Pseudonym Lydia Steptoe. Aus dem Nachlaß (a.a.O.).

BURNE-JONES: die Frauengestalten des englischen Präraffaeliten Sir Edward Burne-Jones (1833–1898) tragen faltenreiche, dekorativ geschwungene Hängekleider.
CONRAD: Joseph Conrad (1857–1924), englischer Schriftsteller und Seefahrer.
CUL-DE-SAC: Sackgasse.
SHAW: George Bernard Shaw (1856–1950), anglo-irischer Schriftsteller.
HENRY JAMES: amerikanischer Schriftsteller (1843–1916).
H. G. WELLS: Herbert George Wells (1866–1946) englischer Schriftsteller, Freund Shaws.
ANNETTE KELLERMANN-SULLIVAN: australische Schwimmerin und Unternehmerin (1888–1975).
ISADORA DUNCAN: amerikanische Barfußtänzerin (1878–1927), eine der Vorkämpferinnen des modernen Tanzes.

Amerikanische Frauen und adlige Ehemänner
American Wives and Titled Husbands.
Aus *Interviews*, Sun & Moon Press, Washington D.C., 1985.

ANNA GOULD: Tochter des amerikanischen Eisenbahnkönigs, war seit 1895 mit Boniface de Castellane (1867–1932) verheiratet. Er schwelgte so rücksichtslos im enormen Reichtum seiner Frau, daß Anna sich 1906 scheiden ließ.
CLARA LONGWORTH: heiratete in Amerika den Diplomaten Charles Comte de Chambrun (1875–1952).

Was ist Lebensart beim Sterben?
What ist Good Form in Dying? In which a dozen dainty deaths are suggested for daring damsels.
In ›Vanity Fair‹, XX, Juni 1923, unter dem Pseudonym Lydia Steptoe. Aus dem Nachlaß (a.a.O.).

PEIGNOIR: Morgenrock.

DJUNA BARNES, 1892 in Cornwall-on-Hudson geboren, begann ihre Karriere als Journalistin. 1922 ging sie als Korrespondentin nach Europa und lebte – als Mittelpunkt literarischer und künstlerischer Zirkel – lange in Paris. Ende der dreißiger Jahre kehrte sie nach New York zurück, wo sie 1982 starb.

»Ein Vamp ist jeder, der leichter eine Gewohnheit durchbricht, als eine annimmt.«

Djuna Barnes

Lesen Sie weiter:

Porträts

Gespräche mit bekannten und weniger bekannten Zeitgenossen: von Coco Chanel und James Joyce zu Mother Jones, Alfred Stieglitz und vielen anderen.

Englische Broschur,
208 Seiten mit vielen Bildern

Leidenschaft

Neun Erzählungen von Menschen, die nicht die allgemeine Kontaktunfähigkeit, sondern ihre Individualität voneinander trennt.

Quartheft 147. 128 Seiten

Paris, Joyce, Paris

Texte über Paris und ein Porträt von James Joyce: »... zum Sich-Freuen, daß es solche Bücher noch gibt.«

Dörthe Emig, BuchJournal

SALTO. Rotes Leinen, 96 Seiten mit vielen Fotos

Solange es Frauen gibt,
wie sollte da etwas vor die Hunde gehen?
Acht Portraits von ungewöhnlichen Frauen,
Zwiegespräche zwischen Emanzipierten.
SALTO. Rotes Leinen, 96 Seiten mit vielen Fotos

Die Frau, die auf Reisen geht,
um zu vergessen
Bilder von der Lust des Reisens,
witzig, selbstironisch, exzentrisch.
SALTO. Rotes Leinen, 80 Seiten mit vielen Fotos

Schreiben Sie uns eine Postkarte – wir schicken
Ihnen gern unseren jährlichen Almanach ZWIEBEL:
Ahornstraße 4, 10787 Berlin

Verlag Klaus Wagenbach Berlin

Verführer an allen Ecken und Enden
erschien als 48. *SALTO* im Oktober 1994
im Rahmen des Jubiläumsprogramms
30 Jahre Verlag Klaus Wagenbach

8.–10. Tausend Juni 1995

Der Einband verwendet ein Foto von Cecil Beaton. Gesetzt aus der Rheinländer Deepdene durch die Offizin Götz Gorissen, Berlin. Gedruckt und gebunden von Clausen & Bosse, Leck. Leinen von Herzog, Beimerstetten. Printed in Germany. *SALTO* ist patentgeschützt. ISBN 3 8031 1147 1

[redacted]